BEI GRIN MACHT SICH IHR WISSEN BEZAHLT

- Wir veröffentlichen Ihre Hausarbeit, Bachelor- und Masterarbeit

- Ihr eigenes eBook und Buch - weltweit in allen wichtigen Shops

- Verdienen Sie an jedem Verkauf

Jetzt bei www.GRIN.com hochladen und kostenlos publizieren

Simon Schütter

Gegenwärtige Herausforderungen im Bildungssystem

GRIN Verlag

Bibliografische Information der Deutschen Nationalbibliothek:

Die Deutsche Bibliothek verzeichnet diese Publikation in der Deutschen National-
bibliografie; detaillierte bibliografische Daten sind im Internet über http://dnb.d-
nb.de/ abrufbar.

Impressum:

Copyright © 2013 GRIN Verlag GmbH
Druck und Bindung: Books on Demand GmbH, Norderstedt Germany
ISBN: 978-3-656-62320-5

Dieses Buch bei GRIN:

http://www.grin.com/de/e-book/270725/gegenwaertige-herausforderungen-im-
bildungssystem

Gegenwärtige Herausforderungen im Bildungssystem

Simon Schütter

Unser Bildungssystem sieht sich großen Herausforderungen ausgesetzt. Im Sozialstaat Deutschland wird das Wort Chancengleichheit groß geschrieben, und genau dieser Punkt ist die Hauptaufgabe unseres Bildungssystems.

Wir leben in einem wissensbasierten Zeitalter, das heißt Bildung wird immer wichtiger. Ein Hauptschulabschluss hat nicht mehr den Wert, den er früher hatte, und das Abitur wird immer verpflichtender, soweit man sich nach erweiterter beruflicher Perspektive sehnt. Die Herausforderung unseres Bildungssystems ist es, jedem Menschen, aus allen Schichten, die gleiche Chance auf Bildung und Weiterbildung zu ermöglichen.

Modelle wie G8 oder das NC-Verfahren arbeiten diesem Ideal entgegen, indem sie den Druck auf die Schüler erhöhen und elitäre Bildungsstandards setzen.

Bereits in der Grundschule wird ein Großteil der bildungsbezogenen Zukunft bestimmt. Nach vier Jahren entscheiden externe Beobachter (Lehrer, Eltern etc.), wie es mit dem nicht einmal zehn Jahre alten Kind schulisch weitergeht. Für den Schüler, dessen Noten nicht ausreichend genug sind, reicht es nicht für das Gymnasium. Natürlich kann ein Jeder nach seinem Realschulabschluss immer noch zum Gymnasium wechseln, doch ist dieser Umweg nötig und zu großen Teilen realistisch? Er ist die Konsequenz aus einer zu frühen Bildungstrennung, sofern überhaupt eine nötig ist. Immer mehr Bildungsforscher fordern die Verlängerung der Grundschulzeit auf sechs Jahre. Nahezu jegliche Forschung zu diesem Thema bestätigt, dass eine Verlängerung sinnvoll wäre. Dennoch wurde dieser Vorschlag bei einer Volksabstimmung in Hamburg abgelehnt. Und warum? Jeder Mensch verlangt Chancen- und Bildungsgleichheit, doch haben die Menschen, die in Sachen Bildung einen elitären Status haben, Angst, diesen zu verlieren, denn eigentlich denkt doch jeder Mensch bei dem Thema Bildung zuerst an sich und seine eigene Familie.

Haben viele Schüler dann das Gymnasium erreicht, stehen sie vor dem nächsten Problem: Dem G8-Modell. Ziel dieses Projektes ist der frühere Bildungsabschluss der Schüler, doch sieht niemand der Funktionäre die Probleme dabei. Der Druck auf die Schüler wächst und die Thematik wird immer standardisierter. Somit wird vom Schüler nicht nur die Schule, sondern auch die Bildung an sich als starre Institution erachtet. Mittlerweile sind sogar 78 Prozent der Eltern der Meinung, das alte G9-Modell solle wieder eingeführt werden.

Schüler, die dagegen von der Realschule zum Gymnasium wechseln, müssen erst einmal die zehnte Klasse wiederholen und erlangen ihr Abitur somit erst ein Jahr später, wobei wir wieder beim Thema Bildungsschere wären.

Das nächste Druckmittel der Bildung ist der Numerus Clausus. Studiengänge wie Medizin, Psychologie und Jura sind nur für die besten Schüler zu erreichen, was zu hohem Noten- und Leistungsdruck führt. Der ursprüngliche Bildungsbegriff entfernt sich vom Selbstverwirklichungsprozess. Der Schüler muss strategisch operieren und sich komplett an das Schulsystem anpassen, um akademische Ziele zu erreichen. Den Schülern wird somit bereits in der Schule ein Konkurrenzsystem eingebläut, sowie bei ihnen die Angst hervorgerufen wird, Fehler zu machen.

Eine weitere Problematik ist die scheinbare Erfolgssucht unseres Staates bezüglich der PISA-Studie. Wir befinden uns weitläufig im Mittelfeld, weit hinter den skandinavischen Staaten. Dieser PISA-Schock bekräftigt die starren Bildungskonventionen nur noch mehr und verschlimmert sie sogar. Doch wem bringt dieser dilettantische internationale Vergleich etwas? Wir stehen rein wirtschaftlich gut da und unsere Ingenieure sind die vermutlich beliebtesten in ganz Europa (und das ist nur ein Beispiel). Also warum sollte uns stören, wenn die Schüler in Finnland besser lesen und die Schüler in Schweden besser rechnen können? Sollten wir uns nicht für diese Länder freuen? Fakt ist, wir sollten nur auf uns schauen. Wenn in Deutschland alle Kinder stotternd lesen würden, aber in Europa sonst nur Analphabeten leben würden, könnten wir dann zufrieden sein, weil wir auf Platz eins wären? Wichtig ist, dass ein jedes Kind seine Möglichkeiten ausschöpfen kann. Dann können wir mit unserem Bildungssystem zufrieden sein. Und das hat nichts mit anderen Ländern zu tun.

Die Herausforderung des Bildungssystems für Chancengleichheit zu sorgen, stellt sich folglich schwerer da, als auf den ersten Blick scheint. Es bleibt fraglich, ob es gerecht ist, dass Lehrer entscheiden ob Neunjährige aufs Gymnasium gehen, sowie Jahre später, was sie studieren, da sie über deren Noten entscheiden. Unser Bildungssystem beharrt auf Konventionen, die überholt erscheinen. Nicht der Intellektuellste oder Engagierteste, sondern der, der sich dem System am besten anpasst erreicht maximalen Erfolg. Bildung dient nicht mehr als persönliche Herausforderung oder Selbstverwirklichung, sondern ist die Pflicht um in der Welt operieren zu können. Hier redet man nun nicht von Bildung, sondern von Ausbildung, die als eine Art Massenbildung fungiert (vgl. Heydorn, 1979).

Literaturverzeichnis:

Terhart, Ewald (2008): Allgemeine Didaktik: Traditionen, Neuanfänge, Heraus-forderungen. In: Zeitschrift für Erziehungswissenschaft. Sonderheft 9/2008, 10. Jg., S.13-34.

Heydorn, Heinz-Joachim (1974): Überleben durch Bildung. Umriß einer An-sicht. In: Heydorn, Heinz-Joachim (Hg. 1980): Ungleichheit für alle. Zur Neu-fassung des Bildungsbegriffs. Frankfurt a. M.: Syndikat.

Botica, Melanie (2012): Eltern zeigen sich unzufrieden mit dem Schulsystem. Erneute Ohrfeige für die Bildungspolitiker. URL: http://www.focus.de/schule/schule/bildungspolitik/tid-27184/eltern-zeigen-sich-unzufrieden-mit-dem-schulsystem-erneute-ohrfeige-fuer-die-bildungspolitiker_aid_813655.html [04.01.13]